PRIÈRES DE LUMIÈRE
Invoquez la grâce divine

SOMMAIRE

Introduction 5

JÉSUS 7
1. Demander son pardon et être réconcilié avec Dieu 8
2. Le remercier pour son sacrifice sur la croix 9
3. Demander sa guidance et sa présence dans notre vie quotidienne ... 10
4. Demander sa guérison et son aide dans les moments de besoin ... 11
5. Honorer sa divinité et sa place en tant que Fils de Dieu et Sauveur du monde ... 12

MARIE 13
1. Demander sa protection et sa bénédiction 14
2. La remercier pour son exemple de vie 15
3. Implorer son intercession auprès de Dieu pour les besoins personnels ou pour les autres ... 16
4. Honorer son statut de Reine des Cieux et de la Terre 17
5. Se rappeler son amour maternel et son engagement envers les croyants ... 18

JOSEPH 19
1. Solliciter sa protection paternelle 20
2. Implorer sa protection et sa guidance 21
3. Solliciter son intercession pour les besoins familiaux et personnels ... 22
4. Demander son soutien en temps de doute et de peur 23
5. Demander son aide pour les besoins financiers et matériel ... 24

PIERRE 25
1. Obtenir la grâce de la fidélité à sa foi et à l'Église 26
2. Implorer son intercession pour la protection des biens et des propriétés ... 27
3. Solliciter son aide pour la protection des personnes en voyage ou en mer ... 28
4. Obtenir la force et le courage nécessaires pour faire face aux défis de la vie ... 29
5. Pour la force, la sagesse et la guidance 30

PAUL 31
1. Force et persévérance dans la foi 32
2. Conversion des non-croyants 33
3. Sagesse et compréhension de la parole de Dieu 34
4. Protection contre les tentations et les pièges du diable 35
5. Croissance spirituelle 36

JEAN	37
1. Protection contre les embûches du démon	38
2. Protection et guidance spirituelle	39
3. Sagesse et la compréhension spirituelle	40
4. Guérison des maladies mentales et émotionnelles	41
5. Appel à la protection divine contre les forces obscures	42
MATTHIEU	43
1. Pour une vie honnête et juste	44
2. Obtenir la force de partager la Bonne Nouvelle de Jésus avec les autres, avec courage et détermination	45
3. Solliciter son intercession pour les besoins financiers et matériels	46
4. Protection et de détermination	47
5. Pour une plus grande compréhension de la Parole de Dieu	48
ANTOINE	49
1. Demander de l'aide ou une guidance pour trouver quelque chose qui a été perdu	50
2. Trouver un objet perdu	51
3. Implorer son intercession pour trouver un mari ou une épouse	52
4. Remercier saint Antoine pour ses bénédictions ou ses réponses à nos prières	53
5. Protection contre les maladies	54
ROCH :	55
1. Solliciter sa protection contre les maladies et les épidémies	56
2. Obtenir la guérison ou le soulagement des souffrances physiques	57
3. Remercier Saint-Roch pour ses bénédictions reçues	58
4. Demander son aide dans les difficultés financières ou matérielles	59
5. Implorer son intercession pour la protection de la famille et des proches	60
EXPEDIT :	61
1. Pour obtenir une aide rapide pour les problèmes urgents	62
2. Pour soutenir une décision importante	63
3. Pour obtenir une protection contre les obstacles et les défis	64
4. Pour se libérer des entraves ou des blocages dans la vie	65
5. Pour éliminer les difficultés qui se dressent sur le chemin vers la réussite et la prospérité	66
Conclusion	67

INTRODUCTION

Depuis des temps immémoriaux, les êtres humains ont cherché la guidance divine pour faire face aux défis de la vie quotidienne. Pour de nombreuses personnes, les saints ont joué un rôle clé dans cette quête, en leur offrant une source de soutien spirituel, de courage et d'inspiration. Les saints sont considérés comme des intercesseurs puissants auprès de Dieu, reconnus pour leur dévotion à Sa parole et leur vie consacrée à Sa gloire.

Dans ce livre, nous avons rassemblé une collection de prières dédiées à différents saints, pour vous aider à invoquer la grâce divine dans les moments les plus importants de votre vie. Que vous soyez à la recherche de bénédiction pour une vie honnête et juste, de la force de partager la Bonne Nouvelle, de protection contre les tentations, ou de compréhension profonde de la Parole de Dieu, ces prières vous guideront à chaque étape de votre cheminement spirituel.

Les prières incluses dans ce livre vous aideront à vous connecter avec les saints et à vous inspirer de leur vie exemplaire et de leur amour pour Dieu. En vous unissant à eux dans la prière, vous découvrirez la force, le courage et la paix intérieure nécessaires pour faire face aux défis de la vie. En invoquant la grâce divine, vous vous rapprocherez de Dieu et trouverez la lumière pour éclairer votre chemin.

Nous espérons que ce livre vous permettra de développer une relation plus profonde avec Dieu et les saints, et que les prières incluses vous apporteront la paix et le réconfort dans les moments difficiles. Que les prières de lumière de ces saints vous illuminent sur votre chemin et vous aident à trouver la force et la sagesse pour poursuivre votre parcours spirituel.

JÉSUS

Jésus-Christ est considéré comme le fils de Dieu et le sauveur du monde par les chrétiens. Il a vécu parmi nous il y a plus de 2000 ans, enseignant la parole de Dieu, accomplissant des miracles et donnant une nouvelle signification à l'amour et à la compassion. Ses enseignements ont été transmis à travers les générations et sont encore suivis aujourd'hui.

Les prières à Jésus-Christ sont un moyen pour les chrétiens de se connecter avec leur sauveur et de lui demander aide, guidance et bénédiction. Elles sont souvent utilisées pour exprimer gratitude, pour demander pardon, pour demander de la force dans les moments difficiles, ou pour simplement passer un moment de réflexion et de méditation avec le Seigneur.

En priant Jésus, nous nous rappelons non seulement de sa sagesse, de sa compassion et de son amour, mais aussi de son sacrifice sur la croix pour le salut de l'humanité. Cette dévotion est un élément central de la vie spirituelle pour les chrétiens, et les prières à son nom sont un moyen profond et personnel d'exprimer notre amour et notre dévotion pour lui.

Demander son pardon
et être réconcilié avec Dieu

Seigneur Jésus-Christ,

Nous t'adorons et te louons pour ton amour infini et ta miséricorde sans fin. Nous reconnaissons que nous avons péché contre toi et sommes éloignés de ta volonté. Nous implorons ton pardon et ta grâce pour réconcilier notre coeur avec le tien.

Aide-nous à reconnaître nos fautes, à les confesser de tout notre coeur et à abandonner nos mauvaises habitudes. Donne-nous la force de vivre selon ta volonté et de suivre tes enseignements. Nous savons que ta mort sur la croix est le sacrifice parfait pour nos péchés, et nous t'en remercions.

Accorde-nous ta grâce, ton amour et ta paix, afin que nous puissions vivre en harmonie avec toi et en paix avec nos semblables. Nous t'implorons de nous guider sur ton chemin et de nous montrer ta volonté pour nos vies. Nous croyons en toi et en ta puissance pour changer nos coeurs et nous sauver.

Amen.

Le remercier
pour son sacrifice sur la croix

Ô Seigneur Jésus-Christ,

Nous venons à toi avec gratitude et humilité pour te remercier pour ton sacrifice sur la croix. Tu as porté les péchés de l'humanité sur toi-même, endurant la douleur et la souffrance pour nous sauver. Nous sommes émerveillés par ta bonté et ta générosité envers nous, des pécheurs indignes.

Nous te remercions pour ta grâce infinie qui nous a été accordée par ton sang précieux. Tu as ouvert la voie pour nous à la réconciliation avec notre Père céleste. Nous sommes tellement reconnaissants pour ce cadeau inestimable.

Aide-nous à vivre notre vie en te glorifiant pour ce que tu as fait pour nous sur la croix. Aide-nous à aimer et à servir les autres de la même manière que tu nous as aimé et servi. Nous te louons pour ce que tu as fait pour nous.

Nous te prions en ton nom, Ô Seigneur Jésus-Christ.

Amen.

Demander sa guidance et sa présence dans notre vie quotidienne

Seigneur Jésus-Christ,

Nous te remercions de ton amour infini et inconditionnel pour nous, tes enfants. Nous te louons pour ta sagesse et ta compréhension parfaite de toutes les souffrances et les épreuves de la vie.

Nous venons aujourd'hui te prier pour ta guidance et ton soutien dans les moments difficiles de notre vie. Tu es le berger qui connaît ses brebis et qui les conduit à l'eau vive de la vie. Aide-nous à te faire confiance, à te suivre sans crainte, à être en paix malgré les tempêtes qui peuvent nous envahir.

Nous te prions pour ta grâce de te rappeler de nous chaque fois que nous sommes dans le besoin. Donne-nous la force et la courage de tenir bon lorsque tout semble s'effondrer autour de nous.

Nous te remercions pour ta présence réconfortante dans nos vies et pour ta promesse de toujours être avec nous, jusqu'à la fin des temps. Nous te louons pour ta générosité infinie et ta miséricorde illimitée envers tous ceux qui t'appellent.

Ô Jésus-Christ, nous te prions pour que tu nous donnes la paix et la joie intérieure qui dépassent tout entendement. Nous te prions pour que tu guérisses nos blessures et nos peines, pour que tu nous fortifies dans la foi, pour que tu nous conduises à la vie éternelle.

Amen.

Demander sa guérison et son aide dans les moments de besoin

Seigneur Jésus,

Fils de Dieu, je viens à toi en ce jour avec un cœur reconnaissant et déterminé à te prier pour la guérison et ton aide dans les moments de besoin. Je sais que tu es le médecin des âmes et le libérateur des corps, et je m'abandonne à ta miséricorde divine.

Je te prie de guérir toutes les blessures de mon corps, de mon âme et de mon esprit. Je te prie de me donner la force nécessaire pour affronter les difficultés de la vie et de me guider sur le chemin de la santé. Je sais que tu peux tout faire, et je te demande de t'occuper de moi avec tendresse et compassion.

Je te prie également de donner ta guérison à tous ceux qui souffrent, que ce soit dans leur corps, leur âme ou leur esprit. Je prie pour ceux qui sont malades, affaiblis, découragés et pour tous ceux qui ont besoin de ta miséricorde. Je te prie de les remplir de ta paix, de ta force et de ta sagesse.

Je te remercie, Seigneur Jésus, pour tout ce que tu as fait pour moi et pour tous ceux que j'aime. Je te remercie pour ta guérison, ta protection et ta grâce. Je te remercie pour ta vie, ta mort et ta résurrection. Je te remercie pour ton amour infini et ta compassion sans fin.

Aide-moi, Seigneur, à avoir confiance en toi en toutes circonstances et à t'honorer dans toutes mes pensées, paroles et actions. Que ta volonté soit faite en moi et en ceux que j'aime. Que ta lumière brille en moi et en ceux qui m'entourent. Que ta paix règne en moi et en ce monde.

Ainsi soit-il.

Honorer sa divinité et sa place en tant que Fils de Dieu et Sauveur du monde

Seigneur Jésus,

Tu es le Fils bien-aimé de Dieu, le Sauveur du monde et le Messie annoncé. Tu es la Parole de vie, la Lumière qui éclaire les ténèbres, le Chemin, la Vérité et la Vie.

Nous t'adorons aujourd'hui et tous les jours pour Ta divinité, pour Ta sagesse infinie, pour Ton amour inconditionnel pour nous. Tu es le Roi des rois et le Seigneur des seigneurs, et nous nous inclinons devant Toi avec reconnaissance et admiration.

Nous Te louons pour Ton sacrifice sur la croix, pour Ton sacrifice ultime pour nos péchés. Tu as pris sur Toi nos fardeaux, nos souffrances, nos peurs et nos tristesses. Tu as subi la mort pour que nous puissions vivre, et nous Te sommes éternellement reconnaissants pour Ton amour.

Aujourd'hui, nous Te prions pour Ta divinité, pour Ton rôle en tant que Fils de Dieu et Sauveur du monde. Nous Te prions pour Ta force, Ta sagesse, Ta grâce et Ta miséricorde. Nous Te prions pour Ta présence dans nos vies et dans le monde entier.

Aide-nous à Te connaître, à Te comprendre, à Te suivre, et à Te honorer comme Tu le mérites. Nous t'adorons aujourd'hui et toujours.

Amen.

MARIE

Notre Mère Céleste, Sainte Marie, a toujours été un guide et un modèle pour les croyants de toutes les générations. Depuis l'annonciation de l'ange Gabriel à Marie, jusqu'à la naissance de Jésus, en passant par la croix et la résurrection, elle a été une présence constante dans l'histoire de la salutation. C'est pourquoi nous nous tournons vers elle avec amour et dévotion, pour nous rappeler de la puissance de la grâce divine et pour demander son intercession auprès de son fils Jésus.

Dans ce chapitre, nous allons explorer les différentes prières à Sainte-Marie, pour honorer cette figure divine et implorer son aide dans nos vies quotidiennes. Nous verrons comment ces prières sont un moyen de nous connecter à notre Mère céleste et de lui demander son soutien pour nous élever spirituellement. Que vous soyez un croyant dévoué ou simplement à la recherche de réconfort et de guidance, ces prières vous apporteront une source de paix et d'inspiration.

Demander sa protection et sa bénédiction

Ô Sainte Marie,

Mère de Dieu, nous nous tournons vers vous avec ferveur et dévotion. Votre nom est synonyme de grâce, de miséricorde et de protection.

Nous croyons en votre amour maternel pour chacun d'entre nous et en votre présence constante auprès de nous, même dans les moments les plus difficiles. Vous avez été là pour Jésus, votre fils bien-aimé, lorsqu'il a été crucifié sur la croix, et nous savons que vous serez là pour nous également.

Nous vous confions nos peurs, nos soucis et nos inquiétudes. Nous sommes conscients que notre vie peut être remplie de défis et de difficultés, mais nous avons confiance en votre capacité à nous protéger et à nous guider. Nous vous demandons de nous tenir sous votre mantel protecteur et de nous donner la force et le courage nécessaires pour affronter les épreuves de la vie.

Nous vous remercions pour votre foi inébranlable, qui nous inspire à vivre avec espoir et à poursuivre nos rêves malgré les obstacles. Votre exemple de dévotion et de détermination nous rappelle que nous pouvons surmonter toutes les difficultés en nous appuyant sur la force de notre foi.

C'est pour cette raison que nous vous demandons votre bénédiction sur chacun de nos jours. Nous savons que votre amour maternel et votre présence bénéfique nous accompagneront toujours et nous donneront la force de faire face à tout ce qui peut se dresser sur notre chemin.

Ô Sainte Marie, nous vous remercions pour votre amour inconditionnel et votre présence constante dans nos vies. Nous vous prions de nous protéger et de nous bénir chaque jour, maintenant et à jamais.

Amen.

Remercier Sainte-Marie pour son exemple de vie

Sainte Marie, Mère de Jésus et notre mère,

Nous nous tournons vers toi avec gratitude et dévotion.
Tu as accepté l'appel de Dieu à devenir la mère de son fils bien-aimé, Jésus.

Ton courage et ta foi nous inspirent chaque jour.
Tu as montré l'amour inconditionnel de Dieu envers chacun de nous, en prenant soin de Jésus dès sa naissance jusqu'à sa mort sur la croix.

Nous te remercions pour ton exemple de vie dévouée à Dieu.
Nous te demandons de nous aider à suivre ton chemin, à aimer inconditionnellement comme tu l'as fait.

Aide-nous à être des témoins de l'amour de Dieu pour toutes les personnes que nous rencontrons,
En montrant la même compassion et la même sollicitude que tu as montrées à Jésus.

Sainte Marie, prie pour nous afin que nous puissions être des instruments de paix et d'amour pour le monde.

Que nous soyons capables de faire preuve de patience, de gentillesse et de bonté envers tous ceux que nous rencontrons.

Aide-nous à être des modèles de la grâce et de la miséricorde de Dieu, comme tu l'as été pour Jésus et pour nous.

Amen.

Implorer son intercession auprès de Dieu pour les besoins personnels ou pour les autres

Chère Sainte Marie, Mère de Dieu,

Nous nous tournons vers vous aujourd'hui en implorant votre intercession auprès de Dieu pour les besoins personnels et pour les autres. Vous avez été choisie pour être la Mère de Jésus, notre Sauveur, et vous avez été témoin de sa vie, de sa mort et de sa résurrection. Vous avez une place toute particulière dans le cœur de Dieu et nous croyons que vous êtes capable d'intercéder pour nous auprès de Lui.

Nous prions pour toutes les personnes qui sont dans le besoin, que ce soit pour des raisons physiques, émotionnelles ou spirituelles. Nous prions pour les personnes malades, pour celles qui sont seules ou qui ont des difficultés à surmonter. Nous prions également pour les personnes qui sont en proie à des peurs ou des inquiétudes, pour celles qui sont confrontées à des défis, et pour celles qui sont en quête de réponses.

Nous vous prions de vous tenir près de ces personnes et de les soutenir dans leurs besoins. Nous croyons que vous pouvez les aider à trouver la force, le réconfort et la guérison qu'ils cherchent. Nous vous prions de prier pour eux auprès de votre fils, notre Seigneur Jésus-Christ, afin qu'ils puissent être libérés de leurs peines et trouver la paix.

Sainte Marie, nous croyons en votre amour pour nous et en votre capacité à intercéder pour nous auprès de Dieu. Nous vous prions de vous rappeler de nous dans vos prières, de nous protéger et de nous guider vers la vérité et la vie éternelle.

Amen.

Honorer son statut de Reine des Cieux et de la Terre

Très Sainte Marie, Reine des Cieux et de la Terre,

Nous nous prosternons devant votre majesté divine et vous offrons notre humble prière en reconnaissance de votre rôle de Reine. Vous êtes la Mère de Dieu et la Reine de toutes les créatures. Votre amour et votre compassion ont été démontrés de manière inconditionnelle envers votre fils Jésus et envers tous ceux qui vous implorent.

Nous vous remercions pour la grâce et la bénédiction que vous apportez à notre vie quotidienne et pour votre intercession auprès de votre fils pour nos besoins personnels et ceux des autres. Nous vous prions de continuer à nous protéger et à nous diriger sur le chemin de la foi, de l'espérance et de la charité.

Nous vous implorons de nous aider à vous imiter dans votre amour pour Dieu et pour nos frères et sœurs, en nous aidant à vivre une vie dévouée à Dieu et à servir les autres avec compassion et miséricorde.

Nous vous remercions pour votre rôle de Reine des Cieux et de la Terre et pour toutes les grâces et les bénédictions que vous apportez dans nos vies. Nous vous prions de continuer à veiller sur nous et de nous guider vers la gloire éternelle avec Dieu.

Amen.

Se rappeler son amour maternel
et son engagement envers les croyants

Sainte Marie, Mère de Dieu,

Nous nous tournons vers vous en cet instant pour vous remercier de votre présence constante dans notre vie. Vous êtes notre modèle de foi, d'espérance et de charité, et nous voulons vous honorer en priant pour notre propre transformation spirituelle.

Nous savons que vous avez suivi votre fils, Jésus, avec amour et dévotion, et que vous avez partagé son chemin de souffrance sur la croix. Vous êtes la première à avoir reçu le message de la résurrection et nous sommes reconnaissants de votre témoignage d'espérance et de foi.

Aujourd'hui, nous vous prions de nous aider à suivre l'exemple de votre vie exemplaire. Aidez-nous à être plus conscients de la présence de Dieu dans nos vies, à cultiver notre amour pour Lui, et à témoigner de Sa grâce auprès de ceux qui nous entourent.

Nous vous demandons de prier pour nous, pour que nous devenions des témoins plus forts de l'amour de Dieu, et pour que nous soyons des sources d'encouragement pour les autres dans leur propre quête spirituelle.

Sainte Marie, Reine des Cieux et de la Terre, nous vous remercions pour votre constante présence dans nos vies et pour votre amour inconditionnel pour chacun de nous. Nous vous demandons de continuer à prier pour nous et de nous aider à grandir dans notre amour pour Dieu.

Amen.

JOSEPH

Saint-Joseph est considéré comme l'époux de la Vierge Marie et le père adoptif de Jésus-Christ. Il est également connu comme le protecteur et le modèle pour les pères de famille, les travailleurs et les personnes en quête de paix intérieure. Les croyants s'adressent à lui pour implorer son aide et sa bénédiction dans différents domaines de leur vie, tels que la famille, le travail et la foi.

Dans ce chapitre, nous allons explorer les prières à Saint-Joseph, qui expriment la gratitude et la dévotion envers ce saint protecteur et guide spirituel.

Que nous soyons confrontés à des défis familiaux, professionnels ou spirituels, ces prières nous rappellent l'amour et la grâce que Saint-Joseph peut nous apporter en répondant à nos demandes.

Solliciter sa protection paternelle

Très cher Saint Joseph,

Modèle de force, de sagesse et de foi, je viens aujourd'hui vers toi pour te demander de m'aider à renforcer ma propre foi. Tu as été choisi par le Père céleste pour être le protecteur et le guide de la Vierge Marie et de l'enfant Jésus, et je sais que tu as été un homme rempli de courage et de détermination dans ta vie terrestre.

Aujourd'hui, je te demande de prier pour moi, pour que je puisse trouver la force de croire fermement en Dieu et en sa plan pour ma vie. Je veux être un témoin vivant de la grâce et de la miséricorde de Dieu, et je sais que je ne peux y parvenir sans ton aide.

S'il te plaît, aide-moi à renforcer ma foi chaque jour, à travers les moments de doute et de peur, et à rester toujours sur le chemin de la lumière et de la vérité. Je te prie de m'accorder la grâce de vivre une vie remplie de paix, de sérénité et de confiance en Dieu, et de continuer à marcher sur le chemin de l'obéissance et de la dévotion envers notre Seigneur Jésus-Christ.

Amen.

Implorer sa protection et sa guidance

Ô Saint-Joseph,

Vous qui avez été choisi par le Seigneur pour être le père adoptif de Jésus et le protecteur de la Sainte Famille, nous nous tournons vers vous aujourd'hui pour vous demander votre protection et votre guidance dans nos vies.

Nous vous remercions pour votre foi inébranlable en Dieu et votre dévouement à Sa volonté, pour votre courage et votre détermination à protéger et à nourrir Jésus et Marie. Nous vous admirons pour votre humilité et votre sagesse, et nous sommes inspirés par votre amour inconditionnel pour votre famille.

À l'image de votre protection envers Jésus et Marie, nous vous demandons de veiller sur nous et sur nos familles, de nous guider sur notre chemin de vie et de nous aider à surmonter les défis que nous rencontrons. Donnez-nous votre force pour faire face à nos peurs, votre sagesse pour prendre les bonnes décisions, et votre amour pour nous entourer de paix et de bonheur.

Nous vous implorons également de nous aider à cultiver notre propre foi en Dieu, de nous inspirer à être des témoins de son amour envers les autres et de nous apporter la paix intérieure que seul Jésus peut donner.

Ô Saint-Joseph, nous vous confions nos vies et nos foyers à votre protection et à votre soin. Soyez notre gardien et notre guide sur ce voyage terrestre, et aidez-nous à nous rapprocher de Jésus et de notre Père céleste.

Ainsi soit-il.

Solliciter l'intercession de Saint-Joseph pour les besoins familiaux et personnels

✟

Ô Saint Joseph,

Homme juste et fidèle, père adoptif de Jésus, époux dévoué de la Vierge Marie, vous avez été choisi par Dieu pour être le protecteur de la Sainte Famille.

Aujourd'hui, je viens à vous pour implorer votre aide et votre protection pour moi-même et pour ceux qui sont importants pour moi. Je sais que vous avez été choisi par Dieu pour être un guide et un protecteur pour Jésus, et je vous prie de m'aider à faire de même pour ceux que j'aime.

Aidez-moi à être un bon père, mari, frère, fils, ami et membre de ma communauté. Donnez-moi la force, la sagesse et la patience nécessaires pour être un guide pour ceux qui m'entourent.

Saint Joseph, je vous prie également de veiller sur moi et de m'aider à faire les bonnes décisions dans ma vie personnelle et professionnelle. Aidez-moi à trouver la paix intérieure et à suivre les chemins de Dieu.

Je vous remercie, Saint Joseph, pour votre aide et votre protection constantes. Je vous prie de continuer à veiller sur moi et ceux qui sont importants pour moi, maintenant et à jamais.

Amen.

Demander son soutien en temps de doute et de peur

†

Très cher saint Joseph,

Vous êtes un homme de foi, de courage et de confiance en Dieu. Vous avez été appelé à être le protecteur et le guide de la Vierge Marie et de l'enfant Jésus. Aujourd'hui, je viens vers vous en quête de votre soutien dans les moments de doute et de peur.

Je sais que vous avez connu vos propres moments de doute et de peur, comme lorsque l'ange vous a appelé à prendre Marie comme épouse et à fuir en Égypte pour protéger Jésus. Cependant, vous avez choisi de faire confiance à la volonté de Dieu et de suivre les voies qu'il vous a montrées.

Aujourd'hui, je demande votre guidance et votre soutien pour faire de même. Aidez-moi à faire confiance à la volonté de Dieu pour ma vie, même lorsque je suis incertain ou effrayé. Donnez-moi la force de suivre les voies que Dieu a prévues pour moi, et de persévérer dans la foi, malgré les obstacles qui se dressent sur mon chemin.

Je vous remercie, saint Joseph, pour votre constante bénédiction et votre protection. Je sais que vous êtes toujours là pour moi, me soutenant et me guidant sur mon chemin vers la paix et la sérénité.

Amen.

Demander son aide pour les besoins financiers et matériel

Très cher Saint Joseph,

Toi qui as été choisi pour être le protecteur et le guide de la Vierge Marie et de Jésus, nous t'implorons aujourd'hui de nous venir en aide dans nos besoins financiers et matériels.

Nous savons que tu as été confronté à de nombreuses difficultés dans ta vie, mais tu as toujours gardé la foi et la confiance en Dieu. Nous te demandons de nous accorder ta force et ta sagesse, pour que nous puissions faire de même dans les moments difficiles.

Nous te demandons également de nous donner la perspicacité pour faire les bons choix dans nos finances et de nous apporter la prospérité dans nos affaires. Aide-nous à gérer notre argent de manière responsable et à toujours être généreux envers les autres.

Saint Joseph, nous te prions pour que tu nous bénisses dans nos entreprises et nos activités financières, afin que nous puissions subvenir à nos besoins et à ceux de nos proches. Nous te remercions pour toutes les bénédictions que tu as apportées dans nos vies et nous te demandons de continuer à veiller sur nous.

Nous te prions en union avec Jésus et Marie, ta famille bien-aimées.

Amen.

PIERRE

Saint Pierre, aussi connu sous le nom de Simon Pierre, a joué un rôle important dans l'histoire de l'Église primitive. Il a été choisi par Jésus pour être l'un de ses douze apôtres et a été considéré comme le chef des apôtres. Saint Pierre était un pêcheur simple avant d'être appelé par Jésus, mais il est devenu un leader déterminé pour la cause de l'Evangile.

Nous prions Saint Pierre pour son leadership et sa dévotion envers Jésus. Nous prions également pour son exemple de repentance et de pardon, car après avoir renié Jésus trois fois, il est devenu l'un de ses plus grands défenseurs. Nous prions pour que, comme Saint Pierre, nous ayons la force de surmonter nos propres faiblesses et de suivre Jésus avec détermination.

Dans ce chapitre, nous explorons les prières à Saint Pierre pour lui demander guidance et inspiration dans notre propre cheminement spirituel. Que nous soyons tous encouragés par son courage et sa dévotion envers Jésus, et que nous puissions être invités à suivre notre propre appel avec foi et persévérance.

Obtenir la grâce de la fidélité à sa foi et à l'Église

Ô Saint Pierre, apôtre fidèle de Jésus-Christ,

Nous te prions aujourd'hui pour demander ta grâce de fidélité à notre foi et à l'Église. Ton exemple d'amour inconditionnel pour notre Seigneur nous inspire à rester fermes dans notre croyance, même dans les moments les plus difficiles.

Nous te supplions de nous accorder ta bénédiction pour que nous soyons forts dans notre foi, pour que nous gardions notre amour et notre dévouement à Jésus-Christ, pour que nous soyons à la hauteur de notre engagement envers l'Église.

Aide-nous à être des témoins fidèles de l'amour de Dieu pour toutes les personnes que nous rencontrons, pour que nous soyons des messagers de l'espoir et de la lumière dans ce monde sombre.

Nous te remercions pour tes enseignements sur la vérité et la grâce, et pour ta guidance constante dans notre cheminement spirituel.

Nous te prions pour que tu continues de nous fortifier et de nous guider, pour que nous soyons toujours fidèles à notre foi et à l'Église, pour que nous soyons des reflets de la lumière de Jésus-Christ pour les générations futures.

Ainsi soit-il.

Implorer son intercession pour la protection des biens et des propriétés

Bienheureux Saint Pierre,

Apôtre fidèle et gardien des clés du royaume de Dieu, je m'adresse à toi avec confiance pour solliciter ton aide pour la protection de mes biens et de mes propriétés.

Comme tu as été témoin de la puissance de Jésus sur la mer de Galilée en calmant les vagues et les vents déchaînés, je te demande d'être mon protecteur et mon gardien contre tout mal ou danger qui pourrait menacer mes biens et mes propriétés.

Que ta foi inébranlable en Jésus, notre Seigneur et Sauveur, soit mon inspiration pour être fidèle à mes engagements envers lui et son Église, pour que je puisse recevoir ta bénédiction sur toutes mes possessions et les conserver en sécurité pour l'utilisation divine.

Comme tu as été la pierre sur laquelle Jésus a fondé son Église, je te demande de me soutenir et de me fortifier pour être capable de résister aux tentations du monde et de protéger mes biens avec courage et détermination.

Béni sois-tu, Saint Pierre, pour ta fidélité envers le Christ et pour toutes les bénédictions que tu continues de recevoir sur ceux qui te prient avec dévotion et confiance.

Amen.

Solliciter son aide pour la protection des personnes en voyage ou en mer

Ô Saint Pierre,

Vous qui avez été appelé par Jésus pour être le fondateur de son Église sur Terre et qui avez été témoin de la puissance de Dieu dans votre vie, nous vous implorons de nous protéger, nous et tous ceux qui voyageons sur les routes et les mers.

Comme vous avez navigué avec Jésus sur les eaux agitées de la mer de Galilée, veuillez nous tenir fermes dans notre foi pendant que nous traversons les défis et les tempêtes de la vie. Gardez-nous en sécurité et veillez sur nous pendant que nous poursuivons notre voyage.

Nous savons que vous avez été témoin de la puissance de Jésus pour calmer les vagues et les tempêtes, et nous croyons que, grâce à votre intercession, nous pourrons aussi être protégés et dirigés.

Nous vous prions de nous aider à suivre le chemin tracé par Jésus, de nous donner la force et le courage de faire face à tous les défis qui se posent à nous, et de nous donner la paix et la sécurité dans nos voyages.

Que la grâce et la bénédiction de Jésus soient sur nous tous les jours de notre voyage sur Terre et sur les mers.

Amen.

Obtenir la force et le courage nécessaires pour faire face aux défis de la vie

Ô Saint Pierre,
Apôtre de Jésus, ami fidèle du Maître,

Tu as été choisi pour porter les clés du royaume des cieux et pour protéger le troupeau de Jésus. Tu as été témoin des miracles et des enseignements de Jésus, et tu as reçu la grâce de comprendre la vérité divine.

Nous te prions aujourd'hui pour tous ceux qui sont confrontés à des défis difficiles dans leur vie. Nous t'implorons de nous accorder la force et le courage nécessaires pour faire face à ces difficultés avec foi et confiance. Nous te demandons de nous aider à voir les défis de la vie comme des opportunités pour grandir et nous rapprocher de Dieu.

Comme tu as été témoin de la puissance de Jésus pour surmonter les tempêtes, nous te prions aujourd'hui pour les personnes qui luttent contre les tempêtes de la vie. Aide-les à voir la main de Dieu qui les protège et les soutient, même dans les moments les plus difficiles.

Nous te demandons de nous aider à croire en la puissance de l'amour de Dieu pour nous, comme tu as cru en Jésus. Aide-nous à comprendre que, même dans les moments les plus sombres de notre vie, Dieu est là pour nous soutenir et nous protéger.

Enfin, ô Saint Pierre, nous te demandons de nous accorder la grâce de la foi inébranlable, afin que nous puissions faire face à tous les défis de la vie avec confiance et courage. Aide-nous à rester fidèles à notre foi et à notre amour pour Dieu, quelle que soit la difficulté que nous rencontrons.

Nous te prions tout cela au nom de Jésus-Christ, notre Seigneur et Sauveur éternel.

Amen.

Pour la force, la sagesse et la guidance

Très cher Saint-Pierre, apôtre de Jésus et premier pape,

Nous te prions aujourd'hui pour que tu nous accordes la force et le courage nécessaires pour faire face aux défis de la vie. Nous t'implorons de nous donner ta sagesse et ton discernement pour que nous puissions prendre les bonnes décisions et surmonter les obstacles qui se dressent sur notre chemin.

Comme tu as été choisi par Jésus pour être son apôtre et le fondateur de l'Église, nous te demandons de nous donner ta sagesse pour que nous puissions être fidèles à notre foi et à notre mission en tant que chrétiens. Nous te demandons d'être notre guide spirituel et de nous donner la force d'être courageux et fermes dans notre foi, même dans les moments les plus difficiles.

Nous te remercions pour ta détermination à annoncer la Bonne Nouvelle de l'Évangile, même en face de la persécution, et nous te demandons de nous donner ce même courage et cette même détermination. Nous te remercions pour ta fidélité à Jésus, même après l'avoir nié trois fois, et nous te demandons de nous aider à être fidèles à notre foi, même dans les moments de tentation et d'épreuve.

Nous te remercions pour ta sagesse et ton discernement, qui t'ont permis de reconnaître Jésus comme le Christ et le fils de Dieu, et nous te demandons de nous donner cette même sagesse pour que nous puissions comprendre la parole de Dieu et vivre selon sa volonté.

Très cher Saint-Pierre, nous te prions de nous bénir avec la force et le courage nécessaires pour faire face aux défis de la vie, ainsi que la sagesse et le discernement pour suivre le chemin de Dieu. Nous te prions de nous protéger et de nous guider sur notre voyage spirituel.

Amen.

PAUL

Saint Paul est l'un des plus grands saints de l'Église catholique et un des apôtres les plus importants de Jésus-Christ. Son nom complet était Saul de Tarse, mais il a été renommé par Jésus lui-même lors de sa conversion sur le chemin de Damas. Saint Paul était un homme cultivé, parlant plusieurs langues, et a passé une grande partie de sa vie à parcourir le monde pour annoncer l'Évangile. Il a écrit plusieurs épîtres qui sont incluses dans le Nouveau Testament, et ces écrits sont considérés comme les fondements de la doctrine chrétienne.

Nous prions Saint Paul pour son rôle de fondateur de l'Église, pour sa force de caractère et son courage, pour son amour pour Jésus-Christ et pour tout ce qu'il a accompli pour diffuser la bonne nouvelle de l'Évangile à travers le monde. Nous prions également pour qu'il nous accorde la sagesse, la force et la foi nécessaires pour suivre son exemple et vivre notre propre vie de manière plus spirituelle et dévouée à Dieu. Les prières de Saint Paul nous montrent comment vivre de manière plus proche de Dieu et comment atteindre un état de paix et de contentement intérieur.

Force et persévérance dans la foi

Ô Saint Paul, apôtre du Christ,

Toi qui as enduré de nombreuses épreuves et persécutions pour la foi, nous te supplions de nous accorder ta grâce et ton aide en ces temps difficiles.

Nous te prions de nous donner la force et la persévérance pour continuer à cheminer sur notre propre voie spirituelle, malgré les obstacles et les défis qui peuvent se dresser sur notre chemin. Nous savons que tu as connu la souffrance et la persécution pour ta foi, mais tu as également connu la gloire de la résurrection du Christ et la grâce de l'Esprit Saint.

Aide-nous à suivre ton exemple, à garder notre foi inébranlable et à poursuivre notre propre mission spirituelle. Que nous puissions découvrir la paix et la joie dans notre propre cheminement spirituel, comme tu l'as trouvé dans le tien.

Nous te prions de nous accorder ta grâce et ta protection, de nous montrer le chemin à suivre, et de nous donner la force et la persévérance pour poursuivre notre propre voie spirituelle. Que Dieu tout puissant nous bénisse par l'intercession de Saint Paul, l'apôtre des nations.

Amen.

Conversion des non-croyants

Ô bienheureux Saint-Paul, apôtre de Jésus-Christ,

Toi qui as parcouru les routes de la terre pour annoncer la Bonne Nouvelle de la rédemption, je m'adresse à toi aujourd'hui pour solliciter ton intercession pour la conversion des non-croyants.

Tu as été illuminé par la lumière divine sur le chemin de Damas et tu as abandonné ta vie antérieure pour servir le Seigneur. Ton courage et ta détermination sont un exemple pour nous tous, et nous nous tournons vers toi pour implorer ton aide pour ceux qui sont encore dans l'obscurité.

Je prie pour que tu intercèdes auprès du Seigneur pour que son amour brille sur ceux qui sont dans le besoin de la lumière divine, pour que sa parole les touche et les guide vers la vérité. Je demande ta grâce pour ceux qui cherchent la réponse à leurs questions, pour ceux qui cherchent une direction dans leur vie.

Je te prie de les inspirer par ta sagesse, ta connaissance et ta foi, pour qu'ils trouvent la vérité et qu'ils s'engagent sur le chemin de la vie éternelle avec le Seigneur. Ô bienheureux Saint-Paul, je confie ces âmes à ta protection divine et je te demande de les guider avec amour et sagesse sur le chemin de la rédemption.

Je te remercie, ô Saint-Paul, pour toutes les bénédictions que tu as accordées au cours des siècles, pour les conversions que tu as obtenues, et pour l'espérance que tu apportes à ceux qui t'invoquent. Je te prie de m'entendre aujourd'hui et de toujours, pour que je puisse devenir un instrument de ta volonté divine et que je puisse être un témoin fidèle de ton message.

Amen.

Recevoir la sagesse et la compréhension de la parole de Dieu

Ô Saint Paul, apôtre de Jésus-Christ,

Votre vie a été dédiée à la prédication de la Bonne Nouvelle et à la diffusion de l'Evangile. Vous avez été choisi pour porter la lumière divine à toutes les nations, et votre enseignement est encore précieux pour nous aujourd'hui.

Nous venons à vous aujourd'hui pour vous demander de nous aider à recevoir la sagesse et la compréhension de la parole de Dieu. Nous savons que vous avez été illuminé par la connaissance divine, et que vous avez consacré votre vie à l'enseignement de la vérité.

Aidez-nous à comprendre les écritures et à les appliquer dans nos vies, afin que nous puissions devenir de meilleures personnes et nous rapprocher de Dieu. Aidez-nous à nous éloigner des tentations et des distractions du monde, pour que nous puissions nous concentrer sur les enseignements de Jésus.

Nous vous prions de nous bénir avec votre sagesse et votre connaissance, pour que nous puissions éclairer notre chemin spirituel et avancer vers la lumière divine.

Amen.

Protection contre les tentations et les pièges du diable

Ô Saint Paul, apôtre de Jésus-Christ,

Vous avez parcouru le monde pour proclamer la parole de Dieu et pour propager l'Evangile.

Votre vie a été remplie de difficultés, de souffrances et de persécutions, mais vous avez toujours été fort dans votre foi et votre détermination à servir votre Seigneur.

Aujourd'hui, je viens à vous pour implorer votre aide dans ma lutte contre les tentations et les pièges du diable. Je sais que vous comprenez les défis que je rencontre et les épreuves que je dois surmonter, car vous avez vous-même été confronté à de telles épreuves.

Aidez-moi à résister aux tentations qui peuvent éloigner mon coeur de Dieu et à éviter les pièges du diable qui cherchent à me détourner de ma foi.

Donnez-moi la force et la sagesse pour rester fidèle à ma vocation spirituelle, et pour vivre selon les principes de l'Evangile.

Je vous remercie, Saint Paul, pour votre dévouement à Jésus-Christ et pour votre intercession pour moi auprès de Dieu.

Je vous demande de prier pour moi, pour que je puisse être fort dans ma foi et rester sur le chemin de la vérité et de la justice.

Ainsi soit-il.

Croissance spirituelle

Cher Saint Paul,

Toi qui était un proche de notre Seigneur Jésus Christ, modèle de dévotion et de foi, nous venons à toi aujourd'hui pour implorer ton aide dans notre croissance spirituelle. Nous demandons ta bénédiction pour nous guider sur notre chemin vers une vie plus proche de Dieu.

Tu as été choisi par le Seigneur pour porter Sa parole aux nations et pour inspirer des générations de croyants à travers les siècles. Ton témoignage de la puissance de l'amour de Dieu a traversé les frontières et les cultures, et continue de nous inspirer aujourd'hui.

Nous te prions pour que tu nous donnes la force et la détermination nécessaires pour continuer à suivre les voies du Seigneur. Aide-nous à faire face aux défis et aux obstacles qui se dressent sur notre chemin, et à tenir bon dans les moments de tentation et de doute.

Ô Saint Paul, intercède pour nous auprès de notre Père céleste, et prie pour que nous recevions la sagesse et la compréhension qui nous permettront de mieux comprendre Sa parole et Sa volonté.

Nous te remercions pour tes bénédictions et pour ton amour constant pour notre Seigneur Jésus-Christ. Nous t'honorons pour ta persévérance dans la foi, malgré les difficultés et les obstacles rencontrés sur ta route. Ô Saint Paul, nous te prions de nous bénir aujourd'hui et de nous aider à grandir spirituellement, pour que nous puissions devenir des témoins plus puissants de l'amour de Dieu pour tous les peuples.

Amen.

JEAN

Saint-Jean est un apôtre de Jésus-Christ, connu pour être l'auteur de l'Evangile selon Jean, ainsi que des trois épîtres de Jean. Ce saint est considéré par les chrétiens comme l'un des plus proches disciples de Jésus, et il est souvent appelé le "disciple aimé". Saint-Jean a eu une vie consacrée à la prédication de la Parole de Dieu et à la diffusion de la Bonne Nouvelle du salut en Jésus-Christ.

Nous prions Saint-Jean en raison de son amour inconditionnel pour Jésus et pour son engagement envers la vérité. Comme disciple aimé, il est considéré comme un modèle de dévotion et de fidélité envers le Christ. Ses écrits, riches en enseignements spirituels, sont une source d'inspiration pour de nombreux croyants et leur permettent de se rapprocher de Dieu. C'est pour ces raisons que nous invoquons Saint-Jean dans nos prières, pour qu'il intercède en notre faveur auprès de Jésus et pour que nous puissions bénéficier de sa sagesse, de sa protection et de son amour pour le Christ.

Protection contre les embûches du démon

Ô Saint Jean, apôtre bien-aimé de notre Seigneur Jésus-Christ,

Vous qui avez été choisi pour être témoin de la gloire de Dieu et pour vivre dans l'intimité avec Lui, nous vous implorons de nous venir en aide dans notre lutte contre les embûches du démon.

Nous savons que le malin ne cesse de tenter les âmes et de les entraîner loin de la voie du salut, et nous savons que sans votre aide, nous ne pourrons pas résister à ses attaques. C'est pourquoi nous vous prions de nous fortifier de votre puissance divine et de nous protéger contre les flèches empoisonnées de l'ennemi.

Nous vous prions de nous donner la sagesse et la force nécessaires pour reconnaître les tentations et pour résister aux mensonges du diable. Nous vous prions de nous illuminer de votre lumière pour que nous puissions voir clairement la voie de la vérité et de la sainteté.

Nous vous prions de nous combler de votre grâce pour que nous soyons en mesure de faire les choix sages qui plaisent à Dieu et de résister aux influences démoniaques qui cherchent à nous entraîner loin de Lui.

Enfin, nous vous prions de nous protéger contre les pièges du diable et de nous guider sur la voie de la vérité, de la justice et de la paix, afin que nous puissions toujours être en paix avec Dieu et vivre dans sa grâce.

Amen.

Protection et guidance spirituelle

Ô Saint Jean, apôtre bien-aimé de Jésus,

Toi qui as été témoin de la vie et de la mission de notre Seigneur, nous t'invoquons aujourd'hui pour demander ta protection et ta guidance spirituelle.

Nous savons que tu as été choisi par notre Seigneur pour être son compagnon fidèle et que tu as reçu une connaissance profonde de sa parole et de sa volonté. C'est pourquoi nous te prions de nous aider à marcher sur le chemin de la foi et de la sagesse, pour que nous puissions nous rapprocher de Jésus et vivre selon sa volonté.

Nous te demandons de nous protéger des tentations et des pièges du diable, de nous donner la force de résister à ses stratagèmes et de nous guider vers la lumière de la vérité. Nous te prions de nous aider à développer notre relation avec Jésus, de nous donner une vision claire de sa volonté pour notre vie et de nous inspirer pour faire le bien autour de nous.

Saint Jean, intercède pour nous auprès de Jésus et aide-nous à rester sur le chemin de la vérité, de la foi et de l'amour.

Amen.

Pour la sagesse et la compréhension spirituelle

Ô bien-aimé Saint Jean,
Apôtre béni et ami fidèle de notre Seigneur Jésus-Christ,

Nous venons à toi aujourd'hui pour te demander ta bénédiction sur notre quête de sagesse et de compréhension spirituelle.

Tu as été témoin des miracles et des enseignements divins de Jésus, et tu as partagé sa parole avec tant de passion et de dévouement. Ta vie est un exemple de foi et de dévotion envers notre Seigneur, et nous te demandons de nous guider sur ce même chemin.

Nous te demandons de nous donner la sagesse et la compréhension nécessaires pour décoder les mystères de la foi et pour comprendre les enseignements divins de notre Seigneur. Nous implorons ta bénédiction pour que nous puissions être en mesure de les appliquer à notre vie quotidienne et de les partager avec les autres.

Accorde-nous la grâce de comprendre les écritures et de les interpréter correctement, afin que nous puissions vivre en conformité avec la volonté de Dieu. Que ta sagesse divine brille dans nos coeurs et dans nos vies, pour que nous puissions être des instruments de paix et de bonté pour les autres.

Nous te remercions, Saint Jean, pour ta dévotion envers notre Seigneur Jésus-Christ, et pour toutes les bénédictions que tu as apportées dans nos vies. Nous t'implorons de continuer à être notre guide spirituel, pour que nous puissions avancer sur le chemin de la sagesse et de la compréhension divine.

Ainsi soit-il.

Guérison des maladies mentales et émotionnelles

Très cher Saint Jean, apôtre aimé de Jésus,

Tu as été témoin de la puissance de la guérison de ton Maître. Tu as été choisi pour annoncer la Bonne Nouvelle aux nations et pour être le gardien de Marie, la mère de Jésus.

Aujourd'hui, je viens à toi pour solliciter ta protection et ton intercession en ce qui concerne les maladies mentales et émotionnelles. Je sais que tu as été témoin de la grâce divine de Jésus qui a guéri les malades et libéré les prisonniers de la maladie mentale et émotionnelle.

Je te prie, Saint Jean, de poser ta main sur moi ou sur ceux que je prie pour aujourd'hui, et de nous guérir de toutes les maladies mentales et émotionnelles qui nous rongent. Que ta grâce divine nous touche, nous libère et nous guérisse de tout ce qui peut causer de la douleur, de l'angoisse, de la dépression ou de la peur.

Je te demande, Saint Jean, de nous donner la paix, la sérénité et le repos dans notre esprit et notre cœur. Je te prie de nous aider à retrouver la joie, la force et la confiance en nous-mêmes.

Je te remercie, Saint Jean, pour toutes les bénédictions que tu as déjà apportées à ma vie et à la vie de ceux que j'aime. Je te remercie pour la grâce et la paix que tu vas continuer à nous apporter.

Amen.

Appel à la protection divine contre les forces obscures

Saint-Jean, apôtre béni et disciple aimé de Jésus,

Nous t'invoquons aujourd'hui pour te demander ta protection contre les forces obscures qui peuvent nous éloigner du chemin de la vérité et de la lumière divine.

Ton prologue nous enseigne la puissance de la parole de Dieu, qui a créé le monde et qui apporte la lumière dans les ténèbres. Nous croyons que cette même lumière peut illuminer notre propre vie, en nous éclairant sur les voies que nous devons suivre et en nous protégeant contre les tentations et les pièges du démon.

C'est pourquoi nous te demandons, Saint-Jean, de nous protéger de tout ce qui peut nous éloigner de la lumière divine. Que ta sagesse et ta compréhension spirituelle nous guident dans nos choix et nos actions, afin que nous soyons toujours en mesure de faire la volonté de Dieu.

Nous implorons également ta guérison pour les maladies mentales et émotionnelles qui peuvent nous affliger, et pour que nous soyons libérés de toutes les entraves qui peuvent nous tenir éloignés de notre vraie nature divine.

Saint-Jean, nous t'invoquons pour que tu sois notre guide spirituel, nous protégeant de toutes les forces obscures et nous dirigeant vers la lumière de la vérité. Nous te remercions pour toutes les bénédictions que tu nous accordes, et nous nous engageons à suivre ton exemple en étant toujours fidèles à la parole de Dieu.

Amen.

MATTHIEU

L'apôtre Matthieu a été l'un des douze disciples choisis par Jésus pour annoncer son message de salut à toutes les nations. Il était auparavant collecteur d'impôts, mais a répondu à l'appel de Jésus pour le suivre et devenir un disciple. Matthieu a également été le premier à écrire un livre des Evangiles, relatant les enseignements et les miracles de Jésus.

Saint Matthieu est considéré comme le patron des comptables et des banquiers, et est souvent prié pour l'aide financière et la protection de la richesse matérielle. Cependant, il est également vénéré pour son témoignage sur la vie et l'enseignement de Jésus, et est souvent invoqué pour la direction spirituelle et la guidance dans la foi.

Dans ce chapitre, nous allons explorer les prières dédiées à saint Matthieu, pour remercier ce fidèle apôtre pour son témoignage sur la vie de Jésus et pour lui demander son aide et sa guidance dans notre propre cheminement spirituel.

Une vie honnête et juste

Bien-aimé saint Matthieu, apôtre de Jésus-Christ,

Nous te prions aujourd'hui pour ta bénédiction sur nos vies. Nous sommes inspirés par ton exemple de service fidèle à notre Seigneur, comme en témoigne ta conversion soudaine de collecteur d'impôts à disciple de Jésus.

Nous te prions pour nous donner la force et le courage de vivre une vie honnête et juste, comme tu l'as fait en suivant les enseignements de Jésus. Aide-nous à nous éloigner des chemins trompeurs et mauvais, et à suivre la lumière de l'Évangile dans nos pensées, nos paroles et nos actions.

Nous demandons ta grâce pour nous aider à être des témoins vivants de l'amour de Jésus pour toutes les personnes que nous rencontrons. Nous te prions de nous donner le même dévouement et la même obéissance que tu as montrés en répondant sans hésitation à l'appel de Jésus.

Nous te remercions, saint Matthieu, pour ta foi inébranlable et ta détermination à servir notre Seigneur. Aide-nous à suivre ton exemple, afin que nous puissions être des témoins courageux de l'amour de Jésus pour le monde entier.

Amen.

Obtenir la force de partager la Bonne Nouvelle de Jésus avec les autres, avec courage et détermination

Cher Saint Matthieu, Apôtre de Jésus,

Nous t'invoquons pour que tu intercèdes en notre faveur. Nous te prions pour que tu nous donnes la force de partager la Bonne Nouvelle de Jésus avec les autres, avec courage et détermination.

Comme tu as été appelé par Jésus pour le suivre et devenir un témoin de Sa Parole, nous te demandons de nous aider à être aussi fidèles dans notre mission. Que nous soyons audacieux dans notre témoignage, en nous inspirant de ta propre détermination à proclamer la vérité.

Nous te prions pour que tu nous donnes la sagesse pour trouver les mots justes et les opportunités pour partager la Bonne Nouvelle. Que nous soyons en mesure de toucher les coeurs des personnes qui nous entourent, en leur montrant l'amour inconditionnel de Jésus.

Nous te prions pour que tu sois notre guide et notre protection, nous protégeant des influences malveillantes qui cherchent à nous détourner de notre mission. Que nous soyons en mesure de persévérer dans notre détermination à proclamer la Parole de Jésus, malgré les obstacles qui peuvent se dresser sur notre chemin.

Ô Saint Matthieu, sois notre intercesseur auprès de Jésus, pour que nous puissions être de véritables témoins de Sa Parole, en partageant la Bonne Nouvelle avec courage et détermination.

Amen.

Solliciter son intercession pour les besoins financiers et matériels

Saint Matthieu,

Apôtre choisi par Jésus pour être un témoin de sa vie et de sa mission, nous te prions aujourd'hui pour les besoins financiers et matériels de notre vie.

Nous savons que tu as été un collecteur d'impôts avant de devenir un disciple de Jésus, et nous te demandons de partager ta sagesse et ta guidance pour nous aider à gérer nos ressources de manière juste et responsable.

Nous te demandons de bénir nos efforts pour gagner notre vie honnêtement et pour nous donner la grâce de la prospérité dans toutes nos entreprises. Aide-nous à faire de notre mieux pour répondre à nos obligations financières et à subvenir aux besoins de nos proches, tout en sachant que notre véritable richesse vient de notre relation avec toi et avec Jésus.

Nous te demandons également de nous protéger contre les pièges de l'argent et de la cupidité, et de nous guider vers une vie de simplicité, de générosité et de service aux autres. Nous te remercions pour ta présence constante dans nos vies et pour les bénédictions que tu nous accordes chaque jour.

Amen.

Protection et détermination

Ô bienheureux saint Matthieu, apôtre fidèle de Jésus,

Nous t'implorons aujourd'hui de nous aider à faire face aux tentations et aux défis de la vie quotidienne, ainsi qu'aux obstacles dans notre parcours spirituel.

Nous savons que tu as renoncé à ta vie de collecteur d'impôts pour suivre Jésus et devenir un témoin de sa Parole divine. Tu as été témoin des miracles de Jésus et as été témoin de la transformation des pécheurs en croyants fidèles.

Nous te prions aujourd'hui de nous donner la force de résister aux tentations du monde et de rester fidèles à notre foi en Jésus. Aide-nous à faire face aux défis de la vie quotidienne avec courage et détermination, en nous rappelant l'exemple de ta propre vie de dévouement à Jésus.

Nous te prions également de nous aider à surmonter les obstacles dans notre parcours spirituel et de nous donner la grâce de continuer à grandir et à mûrir dans notre relation avec Jésus.

Nous te remercions, saint Matthieu, pour ta fidélité inébranlable à Jésus et pour l'exemple de ta vie de dévouement à la parole de Dieu. Nous te prions de nous aider à suivre ton exemple et de nous soutenir dans nos efforts pour vivre une vie honnête et juste en suivant les enseignements de Jésus.

Ainsi soit-il.

Pour une plus grande compréhension de la Parole de Dieu

Bien-aimé Saint Matthieu,

Apôtre de Jésus et auteur de l'Evangile selon Saint Matthieu, nous t'implorons aujourd'hui de nous accorder ta grâce pour une compréhension plus profonde de la Parole de Dieu.

Nous savons que tu as été appelé par Jésus pour être un témoin de Sa vie et de Sa mission sur terre, et nous te remercions pour le témoignage que tu as laissé dans tes écrits. Nous te demandons maintenant de nous aider à mieux comprendre le message que tu as partagé avec le monde, en particulier l'Evangile selon Saint Matthieu que tu as écrit.

Nous savons que ta vie a été transformée par Jésus, et que tu as décidé de le suivre de tout ton cœur. Aide-nous à suivre ton exemple, en nous donnant la force et le courage nécessaires pour faire face aux défis de la vie quotidienne, ainsi que pour les obstacles dans notre parcours spirituel.

Donne-nous la sagesse et la compréhension nécessaires pour décoder les enseignements de l'Evangile selon Saint Matthieu, pour que nous puissions les mettre en pratique dans notre vie quotidienne. Aide-nous à voir les opportunités pour servir les autres, pour témoigner de l'amour de Jésus et pour partager la Bonne Nouvelle avec les autres.

Nous te prions pour que tu continues de veiller sur nous, de nous protéger contre les tentations et les défis de la vie quotidienne, et de nous guider vers une vie plus proche de Dieu. Nous te remercions pour tout ce que tu as fait pour nous, et nous t'implorons de ne jamais nous abandonner.

Nous prions en union avec Jésus, notre Seigneur et Sauveur, qui est vivant et régnant maintenant et pour toujours.

Amen.

ANTOINE

Saint Antoine de Padoue, également connu sous le nom de Saint Antoine de Lisbonne, est considéré comme l'un des saints les plus populaires de l'Église catholique. Il est connu comme le patron des objets perdus et des personnes à la recherche de quelque chose, et est vénéré pour sa sagesse et sa capacité à aider les personnes dans le besoin.

Saint Antoine de Padoue a vécu au XIIIe siècle et a été ordonné prêtre à l'âge de 36 ans. Il est surtout connu pour sa prédication passionnée et son amour inconditionnel pour les pauvres et les nécessiteux. Il a également été un grand défenseur de la foi catholique et a consacré sa vie à la diffusion de l'enseignement de Jésus-Christ.

Ce chapitre est consacré aux prières de Saint Antoine de Padoue, qui permettent aux croyants de faire appel à son intercession pour leur demander conseil et aide dans les moments difficiles de leur vie. Les prières à Saint Antoine sont souvent utilisées pour aider à retrouver des objets perdus, mais aussi pour obtenir la guérison, la paix intérieure et l'espérance. Par ces prières, nous honorons la mémoire de ce grand homme de foi et implorons son soutien spirituel.

Demander de l'aide ou une guidance pour trouver quelque chose qui a été perdu

Ô Saint Antoine,

Vous qui êtes le patron des choses perdues, je viens vers vous aujourd'hui pour vous implorer de m'aider à retrouver ce qui m'a été enlevé. Votre nom est connu pour la foi et la détermination que vous avez démontrés dans votre vie, et je suis confiant que votre intercession peut m'aider à retrouver ce qui a été perdu.

Je vous demande de prier pour moi et de m'accorder la guidance et la sagesse pour retrouver ce qui m'a été enlevé. Je sais que vous êtes un saint très puissant et que vous avez la capacité de découvrir toutes les choses cachées. Aidez-moi à avoir la persévérance et la force pour ne pas abandonner la recherche de ce qui m'a été pris.

Je crois en votre pouvoir de guérison et de protection, et je suis convaincu que vous pouvez m'aider à retrouver ce qui a été perdu. Je vous demande de prier pour moi et de m'accorder votre grâce pour trouver ce qui a été perdu.

Ô Saint Antoine, je vous confie ma cause et je vous remercie de tout mon cœur pour votre aide. Je suis convaincu que grâce à votre intervention divine, je retrouverai ce qui m'a été enlevé.

Amen.

Trouver un objet perdu

Saint Antoine,

Vénérable serviteur de Dieu, vous êtes connu pour votre puissance dans les situations de perte. Votre nom est associé à la récupération d'objets manquants et à la restauration de ce qui a été perdu.

Je viens à vous aujourd'hui, avec un cœur rempli d'espoir, pour vous implorer de m'aider à retrouver un objet qui m'est très cher. Cet objet a une grande valeur sentimentale pour moi et sa perte m'a causé de la tristesse et de la frustration.

Je sais que vous êtes un intercesseur puissant auprès de Dieu et que vous pouvez obtenir une aide divine pour moi dans ma recherche. Je vous prie donc de m'accompagner dans ma quête pour retrouver cet objet. Je vous prie de vous rappeler de moi et de ma requête devant le trône de Dieu et de demander Sa bénédiction pour moi.

Aidez-moi, Saint Antoine, à être persévérant dans ma recherche, à avoir la foi en l'intercession divine, et à rester confiant dans la puissance de votre prière. Je vous promets de rendre gloire à Dieu pour votre aide et de louer votre nom pour toujours.

Amen.

Implorer son intercession pour trouver un mari ou une épouse

Bienheureux Saint-Antoine,

Toi qui es connu pour tes miracles et pour avoir aidé ceux qui étaient dans le besoin, je viens à toi aujourd'hui avec une demande spéciale. Je suis à la recherche d'un compagnon de vie, d'un mari ou d'une épouse qui partagera ma vie et mes aspirations. Je prie pour que tu m'aides à trouver cette personne qui m'apportera l'amour, le respect, la confiance et la joie.

Aide-moi à ouvrir mon coeur à l'amour et à la patience, pour que je puisse trouver celle ou celui qui sera mon âme sœur et mon partenaire de vie. Je te demande de me guider sur le chemin de la rencontre et de l'attraction, pour que je puisse rencontrer la personne qui est faite pour moi.

Saint-Antoine, je te demande de prier pour moi et de m'aider à trouver cet amour véritable qui m'apportera la paix et la stabilité dans ma vie. Je te confie mes souhaits les plus profonds et je te prie de les exaucer, pour que je puisse trouver le bonheur et la félicité avec la personne qui sera mon conjoint pour la vie.

Amen.

Remercier saint Antoine pour ses bénédictions ou ses réponses à nos prières

Ô saint Antoine, glorieux et béni,

Toi qui es considéré comme un ami fidèle de Jésus,
Je viens te remercier aujourd'hui pour toutes les bénédictions que tu as accordées à ma vie.

Je me souviens avec gratitude de toutes les fois où tu as répondu à mes prières avec compassion et bonté.

Tu as toujours été là pour moi, prêt à me guider et à m'aider à surmonter les défis.

Je remercie le Seigneur pour la grâce qu'il t'a accordée de veiller sur ceux qui te cherchent avec foi et dévotion.

Saint Antoine, je te remercie pour ta protection constante, pour ta lumière qui m'a éclairé les ténèbres, pour ta force qui m'a soutenu lorsque je me sentais faible.

Je te remercie pour les nombreuses bénédictions que tu as apportées dans ma vie et dans la vie de ceux que j'aime.

Je te prie aujourd'hui de continuer à veiller sur moi et sur ceux que j'aime, de continuer à nous guider et à nous protéger.

Et je te promets de continuer à te louer et à te remercier pour tout ce que tu as fait pour moi.

Amen.

Protection contre les maladies

Cher saint Antoine,

Toi qui as été un ami des malades durant ta vie terrestre et qui as accompli de nombreux miracles pour soulager la souffrance des gens, je te prie aujourd'hui pour solliciter ta protection contre les maladies. Je te supplie de veiller sur moi et sur ceux que j'aime, de nous protéger contre toute forme de maladies et de nous apporter guérison et réconfort dans les moments difficiles.

Aide-nous à faire l'offrande de nos souffrances à Dieu en union à la passion de Jésus-Christ, et donne-nous la force de les endurer avec courage et grâce. Que ta bénédiction et ta miséricorde nous accompagnent chaque jour, et que nous puissions toujours compter sur toi pour être notre refuge et notre soutien dans les moments de besoin.

Merci, saint Antoine, pour toutes les bénédictions que tu nous as accordées, pour ta présence constante auprès de nous et pour les réponses à nos prières. Je te prie de continuer à veiller sur nous et à nous guider vers la paix et la santé.

Amen.

ROCH

Depuis des siècles, Saint Roch a été considéré comme le protecteur des personnes atteintes de maladies et de maladies contagieuses. Ce saint italien du Moyen Âge, né dans une famille aristocratique, a renoncé à sa richesse pour consacrer sa vie à soigner les pauvres et les malades, parcourant les campagnes à pied en portant avec lui une croix comme signe de sa foi. Il a été témoin de nombreux miracles de guérison, y compris pour lui-même alors qu'il était atteint de la peste.

Les prières de Saint Roch sont devenues très populaires au fil des ans en raison de ses attributions spécifiques. Les personnes atteintes de maladies, les personnes travaillant dans les professions médicales, les voyageurs et les personnes souhaitant une protection supplémentaire contre les maladies se tournent souvent vers Saint Roch pour leur intercession.

Dans ce chapitre, nous allons explorer les prières dédiées à Saint Roch et comment elles peuvent être utilisées pour obtenir sa protection et sa guérison pour nous-mêmes et pour les autres.

Solliciter sa protection contre les maladies et les épidémies

Cher saint Roch,

Vous êtes connu comme le protecteur des malades et des épidémies. Je vous prie de m'accorder votre protection contre les maladies et les épidémies qui peuvent m'affecter moi et ma famille. Vous avez été un guérisseur dévoué au cours de votre vie terrestre, et vous avez montré votre compassion pour les souffrants en les guérissant de leurs maladies.

Je vous prie de vous rappeler de moi et de ma famille en ces temps difficiles, et de nous accorder votre bénédiction pour la santé et la guérison. Je crois en votre pouvoir divin pour guérir et protéger les personnes souffrantes, et je vous supplie de vous rappeler de moi en ces temps difficiles.

Aidez-moi à être fort et confiant en votre protection, et à faire confiance en votre pouvoir pour nous protéger contre les maladies et les épidémies. Je vous remercie de tout mon cœur pour votre protection et votre bénédiction en ces temps difficiles, et je vous prie de continuer à veiller sur moi et ma famille.

Amen.

Obtenir la guérison ou le soulagement des souffrances physiques

Très cher Saint Roch,

Fidèle serviteur de Dieu, tu as été connu pour ta dévotion envers les malades et ta capacité à les guérir par le biais de ta foi inébranlable. Je te prie aujourd'hui pour le soulagement des souffrances physiques de (nom de la personne). J'implore ta divine assistance pour que (nom de la personne) puisse être libéré(e) de tout mal et retrouve la santé.

Aide-moi, cher Saint Roch, à faire confiance en la toute-puissance de Dieu et à offrir mes prières avec ferveur pour le bien-être de (nom de la personne). Je crois en ta capacité à obtenir la guérison par la grâce de Dieu. Je te prie de veiller sur (nom de la personne) jour et nuit, de lui apporter paix et réconfort dans les moments les plus difficiles, et de l'entourer de ta bénédiction.

Je te prie de tout mon cœur, ô Saint Roch, pour que (nom de la personne) soit guéri(e) et que ses souffrances soient atténuées. Je te remercie d'avance pour ta généreuse assistance et je te loue pour tes nombreux miracles.

Amen.

Remercier saint Roch pour ses bénédictions reçues

Saint Roch,

Humble et dévoué servant de Dieu,
Vous avez consacré votre vie à soigner les malades sans distinction de race ou de religion.

Vous avez été témoin de la miséricorde divine en guérissant les souffrances de ceux qui avaient foi en vous.

Nous vous remercions aujourd'hui pour toutes les bénédictions que vous avez apportées à nos vies.

Votre bonté et votre compassion ont été un réconfort pour nous dans les moments les plus difficiles.

Nous vous remercions pour les miracles que vous avez opérés, pour la guérison de nos maux, pour la paix et la joie que vous avez apportées à nos coeurs.

Nous vous prions de continuer à veiller sur nous et de nous protéger contre tout mal et toute souffrance.

Aidez-nous à suivre votre exemple en étant des instruments de votre amour et de votre compassion pour les autres.

Nous vous remercions de nous bénir chaque jour de votre protection et de votre grâce.

Nous vous prions enfin de nous accorder la force et la sagesse pour continuer à suivre votre voie, pour honorer votre nom et pour servir Dieu de tout notre coeur.

Amen.

Demander son aide dans les difficultés financières ou matérielles

Ô Saint Roch,

Protecteur des pauvres et des nécessiteux, nous nous tournons vers vous aujourd'hui pour vous demander votre aide dans les difficultés financières et matérielles qui nous accablent. Vous qui avez vécu une vie dévouée à aider les plus démunis, nous savons que vous comprenez les souffrances et les préoccupations liées à la pénurie matérielle.

Nous vous prions de nous venir en aide dans ces moments difficiles et de nous offrir votre protection et votre soutien. Aidez-nous à trouver des solutions à nos problèmes financiers et à surmonter les obstacles qui se dressent sur notre chemin. Accordez-nous la force et la détermination nécessaires pour surmonter ces difficultés et pour continuer à avancer avec courage et espoir.

Nous savons que votre bonté et votre compassion sont sans limites, et nous avons confiance en votre aide. Nous vous remercions pour les bénédictions que vous avez déjà accordées à notre vie, et nous vous prions de continuer à nous protéger et à nous guider vers la prospérité et la stabilité financière.

Amen.

Implorer son intercession pour la protection de la famille et des proches

Ô Saint-Roch,

Toi qui as connu les épreuves et les souffrances physiques lors de ta vie terrestre et qui as été un modèle de générosité et de compassion pour les autres, je viens vers toi aujourd'hui pour implorer ton intercession pour la protection de ma famille et de mes proches.

Je sais que tu as un cœur rempli de bonté et de miséricorde pour ceux qui t'appellent, et je crois en ta capacité à entendre mes prières et à les exaucer. Je te demande donc de protéger ceux que j'aime et de les garder en bonne santé et en sécurité en tout temps.

Aide-moi à être un bon gardien pour ma famille et mes proches, à leur donner l'amour et le soutien dont ils ont besoin pour faire face aux défis de la vie. Protège-les de tout mal et de tout danger, et accorde-leur la paix et la joie dans leurs vies quotidiennes.

Je sais que tu es un protecteur fidèle et que tu veilles sur ceux qui te font confiance. Je te remercie de tout cœur pour ton aide et ton soutien à ma famille et à moi-même, et je te promets de répandre ta bénédiction à tous ceux que je rencontre.

Amen.

EXPEDIT

Saint Expedit est connu comme le protecteur des causes désespérées et l'intercesseur pour les besoins pressants. Il a été vénéré par les croyants à travers les siècles pour son pouvoir de répondre rapidement aux prières et pour son assistance dans les moments les plus difficiles.

En tant que modèle de foi et de détermination, Saint Expedit inspire les croyants à croire en la puissance de la prière et à poursuivre leur chemin avec confiance envers le Tout-Puissant.

Au cours de ce chapitre, nous explorerons les prières qui lui sont dédiées et comment elles peuvent renforcer notre relation avec le divin et renforcer notre foi en un avenir meilleur.

Obtenir une aide rapide pour les problèmes urgents

Cher Saint Expedit,

Tu es connu pour t'occuper rapidement des affaires urgentes et pour donner une réponse prompte à ceux qui t'invoquent. C'est pour cela que je m'adresse à toi aujourd'hui, pour solliciter ton aide dans mes problèmes pressants.

Je sais que tu as le pouvoir de faire bouger les choses et de faire en sorte que les obstacles disparaissent. Je te demande donc de m'assister dans ma situation actuelle, de m'accorder ta protection et de faire en sorte que tout se règle rapidement et favorablement pour moi.

Je te confie toutes mes inquiétudes et mes préoccupations, et je te demande de les dissiper avec ta puissance divine. Je te remercie à l'avance pour tout ce que tu vas faire pour moi et pour ta protection rapide.

Amen.

Soutenir une décision importante

Bienheureux Saint-Expedit,

Toi qui es connu pour ta rapidité et ta capacité à aider ceux qui te prient, je me tourne vers toi aujourd'hui avec espoir et confiance. Je suis face à une décision importante qui peut changer le cours de ma vie, et je suis incertain et anxieux.

Je te demande de m'accorder ta sagesse et ta clairvoyance pour prendre la bonne décision. Guide-moi dans ma réflexion et donne-moi la force de faire le choix qui me mènera sur le bon chemin.

Aide-moi à être courageux et déterminé, à écouter mon cœur et ma raison, et à suivre ma conscience. Protège-moi contre toutes les tentations et les obstacles qui pourraient m'éloigner de la vérité et de la paix.

Je te remercie pour ta présence et ta bénédiction dans ma vie. Je te promets de te glorifier par ma dévotion et mon service à ceux qui en ont besoin. Que ta volonté soit faite en moi et en toutes choses.

Ainsi soit-il.

Obtenir une protection contre les obstacles et les défis

Très cher Saint-Expedit,

Toi qui es connu pour répondre rapidement aux prières de ceux qui font appel à toi, je m'adresse à toi aujourd'hui pour implorer ta protection contre les obstacles et les défis qui se dressent sur mon chemin.

Je sais que tu es un guerrier puissant et que tu ne recules devant aucun défi, et c'est pourquoi je fais appel à toi pour que tu sois mon allié et mon protecteur. Je prie pour que tu m'aides à vaincre toutes les difficultés qui se présentent sur mon chemin, et que tu m'assistes pour surmonter toutes les épreuves et les obstacles qui se dressent devant moi.

Je te supplie de me donner la force et la détermination nécessaires pour faire face à toutes les situations difficiles, et de me guider dans les moments les plus sombres de ma vie. Je sais que tu es là pour m'aider, et c'est pourquoi je te remercie pour ta protection et ta bénédiction.

Je te prie de me donner le courage et la sagesse nécessaires pour faire les choix les plus judicieux pour moi, et pour me protéger contre toutes les forces malveillantes qui cherchent à m'entraver. Je te prie également de me donner la force et la persévérance nécessaires pour persévérer dans les moments les plus difficiles, et de me guider vers la paix et la sérénité.

Je te remercie pour ta protection et ta grâce, Saint-Expedit. Je prie pour que tu restes à mes côtés pour toujours et que tu m'aides à surmonter toutes les épreuves et les obstacles qui se dressent sur mon chemin.

Amen.

Se libérer des entraves ou des blocages dans la vie

Ô Saint Expedit,

Toi qui es connu pour répondre rapidement aux prières de tous ceux qui te sollicitent avec ferveur, je viens à toi aujourd'hui pour te demander ta bénédiction et ton aide pour me libérer des entraves ou des blocages dans ma vie.

Je sais que tu es un ami fidèle et un défenseur pour ceux qui te prient avec confiance, et je m'appuie sur ta protection divine pour m'aider à surmonter toutes les difficultés qui se dressent sur mon chemin.

Aide-moi à briser les chaînes qui me retiennent et à me libérer de tout ce qui me retient de vivre une vie pleine et heureuse. Donne-moi la force et le courage nécessaires pour faire face aux défis qui se posent devant moi, et pour me libérer de toutes les entraves qui me retiennent en arrière.

Protège-moi des forces du mal qui cherchent à m'entraver et à me tenir en esclavage, et accorde-moi la grâce de marcher librement sur le chemin de la vie. Je te prie de me donner la sagesse pour prendre les bonnes décisions, et de m'aider à me libérer de toutes les entraves qui m'empêchent d'avancer.

Je te prie avec confiance, Ô Saint Expedit, et je te remercie pour toutes les bénédictions et les réponses à mes prières.

Amen.

Éliminer les difficultés qui se dressent sur le chemin vers la réussite et la prospérité

Ô saint Expedit,

Toi qui as été considéré comme un défenseur des personnes dans le besoin et un ami fidèle pour ceux qui t'invoquaient avec ferveur, je viens à toi aujourd'hui pour te demander ta bénédiction sur ma vie.

Je reconnais que j'ai des aspirations et des rêves que j'aimerais atteindre, mais il semble que des obstacles se dressent sur mon chemin, des défis qui menacent de me détourner de mes objectifs et de ma réussite. Je te prie donc, ô saint Expédit, de m'aider à éliminer ces difficultés qui se dressent sur ma route.

Je te demande de me donner la force et la persévérance nécessaires pour surmonter les défis et de m'aider à voir clairement le chemin vers la prospérité et la réussite. Je te prie également de m'accorder la sagesse pour faire les choix justes et d'ouvrir mon cœur à la guidance divine.

Je te remercie, ô saint Expedit, pour toutes les bénédictions que tu as déjà accordées à ma vie, et je prie pour que tu continues à m'accompagner sur ce chemin, à chaque étape de la voie. Je te confie mon avenir et ma vie, et je te promets de t'honorer et de te célébrer pour toutes les bénédictions que tu me donneras.

Ainsi soit-il.

CONCLUSION

Dans ce livre, nous avons exploré la puissance de la prière en invoquant les saints pour leur intercession auprès de Dieu. Nous avons vu comment les saints peuvent nous aider à surmonter les difficultés, à trouver la force de continuer et à atteindre notre plus grand potentiel. Ces saints sont des exemples de foi, d'amour et de dévotion, qui ont suivi le Christ de près et ont choisi de vivre selon ses enseignements. Ils nous montrent comment vivre une vie remplie d'amour, de paix et de bonheur, et comment chercher constamment à nous rapprocher de Dieu.

Lorsque nous prions à leur intention, nous les invitons à nous aider à atteindre ces mêmes buts. Nous leur demandons de prier pour nous, de nous guider sur notre chemin spirituel et de nous soutenir lorsque nous faisons face à des défis.

L'amour, la foi et la dévotion sont les fondements de notre relation avec Dieu et avec les saints. En pratiquant ces qualités, nous nous rapprochons de Dieu et nous nous éloignons du monde matériel. Nous devenons plus en paix, plus heureux et plus satisfaits de notre vie.

Enfin, nous devons garder à l'esprit que la prière est un dialogue constant entre nous et Dieu. Les saints peuvent nous aider à entamer cette conversation, mais c'est à nous de faire le premier pas et de chercher à nous rapprocher de Dieu de tout notre cœur.

Que Dieu vous bénisse et vous garde toujours sur le chemin de la vérité et de l'amour. Que les saints intercèdent pour nous et nous guident dans notre vie quotidienne. Et que nous puissions toujours nous rappeler l'importance de la prière et de la dévotion, pour que notre relation avec Dieu et avec les saints devienne plus forte chaque jour.

Chers lecteurs,

Nous espérons que ce livre consacré aux prières a été une source de réconfort et d'inspiration pour vous. Nous continuons notre travail de diffusion de foi et de spiritualité sur notre chaîne YouTube. Là-bas, vous pourrez trouver de nouvelles prières, livres religieux et chants pour renforcer votre foi et votre dévotion.

Nous vous invitons à vous y abonner pour soutenir notre mission et nous permettre de vous apporter encore plus de prières et de ressources spirituelles dans le futur.

Que Dieu vous bénisse et que Sa grâce vous accompagne sur votre chemin spirituel...

Printed by Amazon Italia Logistica S.r.l.
Torrazza Piemonte (TO), Italy